党首選出と安保政策をめぐる攻撃にこたえる

憲法の「結社の自由」をふまえて

日本共産党中央委員会出版局

党首選出と安保政策をめぐる攻撃にこたえる
憲法の「結社の自由」をふまえて

目　次

第一部

第二部

第一部

志位委員長の記者会見

松竹氏をめぐる問題についての一問一答

日本共産党の志位和夫委員長の２０２３年２月９日の記者会見での松竹伸幸氏の除名処分をめぐる一問一答は次の通りです。

異論を持っているからでなく、党攻撃を問題にしている

記者　松竹伸幸氏が先日、御党を除名処分になりましたけど、改めてこれについて委員長自身の見解、どのようにお考えでしょうか。

志位　松竹伸幸氏の除名処分については、党京都南地区委員会常任委員会と京都府委員会常任委員会の連名での発表文が詳しく事実関係を明らかにしております。

それから、昨日と今日の2回にわたって「しんぶん赤旗」で論説を発表しております。問題の基本点はそれらですすべてのべております。

それを前提にしてのべますと、今回、なぜ除名処分になったかというのは、異論を持っていたからではないとはっきりと言いたいと思います。

異論を持っているから排除するということをしたわけではない。そういうことは絶対にやってはならないということは、規約に明記されています。

そうではなくて、あれこれの異論を、党内の党規約に基づく正式のルートで表明するということを一切やらないまま、突然、外から党の規約や綱領の根本的立場を攻撃するということを行った。これは規約に違反するわけですから、しかるべき対応をやったということです。

「結社の自由」という角度からとらえていただきたい

志位　松竹氏は、自分の行動は、「言論の自由」「出版の自由」にもとづくものだということも言っているようです。しかし、「結社の自由」という角度からこの問題をぜひ捉えていただきたいと思うんです。

憲法21条には、「言論、出版の自由」などとともに、「結社の自由」が明記されています。これは1988年12月20日に出された「結社の自由」に関する最高裁の判示ですが、読み上げたいと思います。

「(結社の自由とは) 各人に対して、政党を結成し、又は政党に加入し、若しくはそれから脱退する自由を保障するとともに、政党に対しては、高度の自主性と自律性を与えて自主的に組織運営をなしうる自由を保障しなければならない。他方、右のような政党の性質、目的からすると、自由な意思によつて政党を結成し、あるいはそれに加入した以上、党員が政党の存立及び組織の秩序維持のために、自己の権利や自由に一定の制約を受けることがあることもまた当然である」

これが、「結社の自由」の意味であります。松竹氏は、自らの自由な意思で、わが党の綱領および規約を認めて入党しました。そうである以上、かりに意見があれば、党規約というルールに基づいて、それを表明すべきでした。そういう権利は党規約に保障されております。それを一切せずに、党の外から攻撃するということは、これは党規約に違反する。松竹氏が、自らの自由な意思で党に加入した以上、異論があったら、そういう正式なやり方で表明したらよかった。しかし一度もそれをやらなかった。党から脱退する自由もあるんです。しかし、そうではなくて、党員でありながら、ルールを破ったわけですから、これは私たちとしては、当然、「政党の存立及び組織の秩序維持」のために一定の対処をするのは、これは当たり前のことになります。

彼は、「言論の自由」「出版の自由」といいますけれども、この最高裁判示にあるように、自分の自由な意思で党に参加した以上、「自己の権利や自由に一定の制約を受けることがあることもまた当然」なのです。ですから、「言論の自由」「出版の自由」ということで、党に対する攻撃を合理化することはできないということをはっきり言っておきたい。

私たちは、憲法21条が保障している「言論の自由」「出版の自由」「表現の自由」などを全面的に擁護してまいります。ただ、「結社の自由」も重要な基本的人権なんだということを、ぜひご理解いただきたいし、それに基づく対応なんだということを理解いただければと思います。

手続き上も除名という判断も適切だった

記者　共産党には大きく分けて四つの処分があると思うんですが、松竹さんは最も重い除名となりました。もう少し話し合いや妥協点を探ることはできなかったのでしょうか。

志位　私は、妥当な対応だと考えております。

先ほど、党攻撃の事実ということを申しました。

京都の党組織の発表文が詳しく明らかにしているように、松竹氏は、「党首公選制」という党規約と相いれない主張を公然と行うとともに、党規約に基づく党首選出方法や党運営について、「党内に存在する異論を可視化するようになっていない」、「国民の目から見ると、共産党は異論のない（あるいはそれを許さない）政党だとみなされる」などとのべた。「異論を許さない政党」であるかのように攻撃したわけです。これは事実とまったく違う不当なものです。

もう一つは、日米安保条約堅持、自衛隊合憲という党綱領に反する主張を公然と行うとともに、日米安保条約廃棄、自衛隊の段階的解消の方針――わが党綱領とそれに基づく党の政策的立場に対して、「野党共闘の障害になっている」「あまりにご都合主義」と言って攻撃したわけです。

さらに、鈴木（元）氏の本が党を攻撃する内容のものであるということを知りながら、その発刊を督促するなど、党攻撃のための分派活動を行った。

このような事実を私たちは、たいへんに重く見ております。ああいう処分を下したのは妥当だと考えます。

そして、「話し合い」とおっしゃいますけれども、さきほど言ったように、松竹氏はただの一度も、正規の党のルールに基づいて異論を表明するということをやっていないのです。わが党の規約というのは、党員は、党のどの機関に対しても、党大会、中央委員会、都道府県委員会、地区委員会、どの機関に対しても自由に意見を述べることができる。あるいは質問することができる。この権利を保障しているわけです。つまり異論を党内で唱える権利を保障しているわけです。そして、そういう異論が提起された場合には、きちんと回答しなければならないというルールになっているわけです。

「話し合い」とおっしゃいますけども、松竹氏が、この党のルールにのっとって「話し合い」を求めてきたならば、私たちは誠実に「話し合い」をしたでしょう。しかし彼は、「話し合い」を求めることは一切なく、いきなり攻撃を始めたわけです。ですから、それに対しては当然の対応になるんではないでしょうか。

それから、私たちとしては、1月21日に藤田健（赤旗）編集局次長の論説を出しまして、いま（松竹氏が）やっていることは、党規約および党綱領からの逸脱だと批判しました。政治的批判です。これは、当然本人にも届いていると思います。あのときには、まだ私たちは規約上の処分の判断をしていなかった段階です。まず、政治的な警告を行いました。しかし、それに対して、彼は、まったく一顧だにしない態度をとりました。〝こんな文書は問題にならない〟というようなことを言って、反省をしない態度をとりました。

そして、2月2日に京都南地区常任委員会と京都府委員会常任委員会が行った本人への聞き取りのなかでも、〝あなたの行動がいかに党規律に反しているか〟とじゅんじゅんとお話をしました。しかし全く反省をしなかった。

私たちとしては、そういう手続きをとって、そのうえで、これはもう除名以外にないという判断をしたということであります。

ですから手続き上も、それから除名という判断も適切だったと考えております。

記者　鈴木元氏は、まだ現役の党員のようですが、『志位和夫委員長への手紙』のなかで辞任を迫るようなこともしているのに、除名処分もなにもされていませんが。

志位　鈴木氏に対する対応をどうするのかは、中央としては、まだ報告を受けておりませんが、規約上の対応はいま検討されているんだろうと思っています。

「朝日」社説──日本共産党の自主的・自律的な決定に対する外部からの攻撃

記者　この問題に関して、朝日新聞が社説で今回の党の対応を批判しています。それを受けて、今日の「赤旗」では、政治部長名義で論文で批判していますが、新聞社の社説を批判するというのは、かなり特異な例だと思うんですが。

志位　あの「朝日」の社説は、あまりに不見識だと思います。簡単に言えば、私たちが規約違反の事実で処分をしたということについて言及はしていますけれども、「納得する人がどれほどいよう」と断定し、結局、日本共産党を、「異論を許さぬ強権体質」と描いているわけです。

何度もいいますけれども、異論を持ったから排除したわけでは決してありません。そんなことは規約上やってはならないんです。そうではなくて、公然と外から攻撃したことを問題にしています。そこの論理を全く飛ばして、あたかも異論を持ったから排除したかのように描いている。

もう一つは、松竹氏を〝善意の立場からの改革者〟であるかのように持ち上げていることです。

しかし、もしも善意の立場であるとしたならば、なぜ党の規約にのっとった正式のルートで一度も意見を述べることをしなかったのか。私は、中央委員会で仕事をしておりますが、私あての意見書も一度もありません。常任幹部会あてのものもない。幹部会あてのものもない。中央委員会あてのものもない。党大会にあてたものもない。一度もないんです。もし真面目に日本共産党を良くしようと思っているんだったら、まずそれやるべきじゃないですか。それでもかりに自分の意見が通らないのであれば、意見を保留する自由があるんです。異論があっても保留して、行動は統一していこうというのが党規約の立場です。そしてことの経過によって、どちらが正しいかは見ていこうという、そういう自由もあるんです。それが真面目な善意のある人のやり方だと思います。そういう努力を一切やらないで、いきなり外から、ああいう形で攻撃を始めるというのは、私たちは〝善意の改革者〟というのとは違うと思っています。

ところが、「朝日」の社説は、最初から〝善意の改革者〟に対して私たちが一方的に異論として断罪して切り捨てたというような構図に当てはめて、ものをいっています。

私は、はっきり申し上げておきたいけれども、「朝日」社説は、「結社の自由」ということをどう考えているのかと思います。「結社の自由」というのは、結社に自由に加入する自由とともに、結社がまさに自主的・自律的に運営する自由の両方を認めているわけです。

こうした「結社の自由」ということを全く無視した、これに対する乱暴な攻撃だといわざるをえない。それを「大手新聞」を名乗る「朝日」社説が行った。これは、あまりに不見識です。日本共産党の自主的・自律的な決定に対する外部からの攻撃です。

大手メディアが、どこどこの党の運営は「非民主的」だと勝手に決めて、外からバンバンたたくようなことをやりだしてごらんなさい。「結社の自由」は危うくされてしまいます。そういう性格の問題なんです。社説として掲げた以上、そういう性格の問題だということを自覚してほしいと思います。

朝日新聞は、昨年7月の社説でも、日本共産党に対して、「誤りを認めない無謬《むびゅう》主義や閉鎖的な体質」などと、事実を全くゆがめた非難をのべていましたが、今度の社説もその延長線上のものだと思いますが、まさに党の自主的・自律的な運営に対する乱暴な介入であり、干渉であり、攻撃だと断じざるをえません。この日本の大手新聞の社説がやっていることは、由々しきことだといいたい。

日本共産党がとっている党指導部の選出方法が一番民主的で合理的

志位　「党首公選制」なる問題についても、ご質問があればいくらでもお答えしますが、私たちは、いま私たち日本共産党がとっている党指導部の選出方法が一番民主的で合理的だと考えております。

第1に、個人の専断を排し、集団指導によって民主的に党運営をやっていくうえで、一番合理的だと考えております。

第2に、派閥や分派をつくらず、国民に対して公党として統一的に責任を果たしていくうえで、一番合理的だと考えております。

第3に、もともと日本共産党というのは、ポスト争いとは無縁な党なんです。〝私が、私が〟といって、いろんなポストを争ったりするような党じゃないんです。日本共産党の党員は、だれでも、国民の苦難の軽減、平和、社会進歩のために、私利私欲なく頑張ろうということで、地位や名誉や、ましてや金もうけのために入っている人はいないんです。ですから、わが党に「党首公選制」なるものは合わないんです。

ですから、あらゆる角度から見て、「党首公選制」なるものをわが党に押し付けるというのは、私たちは道理がないと思っております。

ただ、いっておきたいのは、ある政党がどのような選出方法で党首を選ぶか、それは、その党の自主性と自律性に任せられるべき問題なんです。自民党がある制度をとる。立憲民主党がある制度をとる。私たちは、他党の党首選出のやり方について、けしからんと言ったことはありません。それは自由なんです。もちろん著しく反社会的なやり方であれば、批判がされると思いますけれども、基本的には自由なんです。それが「結社の自由」なんです。

私たちは、いまのやり方が、一番民主的で合理的だと思っております。そういう問題について、「朝日」社説に指図されるいわれはないんです。また、そういう指図をする権利もないんです。

もちろん「朝日」社説が自由な言論活動をやることを、私たちは否定するものではありません。言論の自由は断固として擁護します。ですから私たちは言論で応じています。

記者　この論文は、志位委員長のご意向で書かれたということですか。

志位　「しんぶん赤旗」の中祖政治部長が書いたものです。しかし、これは党の立場でもあります。「しんぶん赤旗」は中央委員会の機関紙ですから。

一番の根本には「日米安保条約堅持」への政治的変節がある

記者　松竹さんが急に外から意見をいいだした原因はなぜだとみていらっしゃいますか。

志位　私は、松竹氏の一連のものを読みました。そして、彼がこういう党攻撃に走った一番の根本には、政治的立場での変節があると考えます。いろんなことをいっていますが、彼は、日米安保条約堅持を、日本共産党の「基本政策」に据えるべきだと主張しているわけです。

私たちの綱領では、日米安保条約というのは対米従属の根源にある、アメリカいいなりの政治の根源にある、これを国民多数の合意で廃棄して、対等・平等の日米関係に変えるべきだというのが大方針なんです。これは綱領の規定のなかの一番の根幹です。日米安保条約の廃棄というのは。これは容易なことではないけれども、世界の大勢を見たら、軍事同盟をなくしていく方向が、大きな流れなんです。日本もそういう流れに参加しようというのが私たちの大方針なんですね。

彼の政治的主張は、つまるところ日米安保条約堅持を党の「基本政策」にせよということです。そして在日米軍の核抑止力には頼らない方がいいけど、通常戦力の抑止は必要だということをはっきりいっている。つまり、在日米軍は日本を守る抑止力だといっているわけです。

沖縄の辺野古の基地を押し付ける理由として、日米両政府がいっているのは「抑止力」だといって押し付けている。沖縄の人たちはこれを「ゆくし」＝ウソだといって批判している。基地押し付けの一番の「論理」となっている。在日米軍が日本を守る抑止力という立場は、綱領の立場とは全く違います。

私たちは、在日米軍というのは、その部隊の構成を見ても、海兵隊と、空母打撃群と、遠征打撃群と、航空宇宙遠征軍ですから、どれも遠征部隊ですよ。海外に「殴り込み」をかける部隊が中心です。日本を守っている「抑止力」だという考え方は根本からとっておりません。綱領の立場はそういう立場です。

それを「抑止力」だというと、辺野古の基地に反対できなくなります。

そういう根本のところでの変節がある。はっきりいえば、この間日本共産党に対するいろんな攻撃がありました。その攻撃のなかで、〝いまのこのご時世に日米安保条約廃棄といっているのは、もうとんでもない安全保障論だ〟という攻撃が中心です。〝そんなことをいっているから野党共闘もうまくいかないんだ〟と。こういってさんざん攻撃してきたものでした。同じ攻撃をやっているわけです。野党共闘がうまくいかない、その障害になっているのは、日本共産党のそういう安全保障政策にあると。あるいはわが党の自衛隊の段階的解消論が「ご都合主義だ」と。こういって攻撃しているわけです。根本にはそういう政治的変節があると思います。

かつては、彼はそういう立場ではなかったと思います。ですから、これは変節だと考えております。

善意の意見には誠実に対応するが、悪意からの攻撃には断固反撃する

記者　結社の自由は当然認められるべきだと思いますが、コミュニケーションが少し足りなかったんではないかと。

志位　誰に対するコミュニケーションですか。

記者　「朝日」であれ、メディアであれ。その橋渡しの努力はどう考えても足りないんじゃないかと。

志位　善意の方々で、本当の意味での善意で、私たちに対してさまざまな意見をいってくださっている方々に対しては、これは私たちは、誠実に対応して、一人一人に党の立場を丁寧にお伝えします。しかし、悪意で党を攻撃するものに対しては、私たちは断固として反撃します。これをやらなかったら、私たちは国民への責任を果たせません。そして、そういうことをやってこそ、この問題の本質を多くの方にわかっていただけると思っております。

記者　朝日新聞社の社説は悪意だったということですか。

志位　そうです。そう思っています。

（「しんぶん赤旗」２０２３年2月10日付）

規約と綱領からの逸脱は明らか
――松竹伸幸氏の一連の言動について

赤旗編集局次長　藤田　健

元日本共産党本部職員で「現役日本共産党員」を名乗る松竹伸幸氏が、記者会見、最近出版した本、ネットTV、週刊誌などで「党首公選制」を主張しています。

自ら同意したはずの党規約に違反する行為

まず指摘しておかなければならないのは、松竹氏の行動が党のルールに反していることです。党規約では、党員は、「中央委員会にいたるどの機関にたいしても、質問し、意見をのべ、回答をもとめる」（第5条第6項）ことができるとしています。松竹氏も「党首公選制」を実施すべきだという意見があるなら、中央委員会に対しても幹部会や常任幹部会に対しても、そうした意見をのべる権利がありました。しかし、松竹氏が、そうした行動をとったことは、これまでただの一度もありません。異論があれば党内で意見をのべるということを一切しないまま、「公開されていない、透明でない」などと外からいきなり攻撃することは、「党の内部問題は、党内で解決する」（第5条第8項）という党の規約を踏み破るものです。

「党首公選制」についていえば、日本共産党の規約が、党員の直接投票によって党首を選出するという方式をとっていないことには理由があります。そうした方式を実施するならば、理の必然として、各候補者が多数派を獲得するための活動を奨励する――派閥・分派をつくることを奨励することになっていくからです。

日本共産党は、旧ソ連や中国の干渉によって党が分裂した「50年問題」という痛苦の体験を踏まえ、規約で、「党の意思決定は、民主的な議論をつくし、最終的には多数決で決める」「決定されたことは、みんなでその実行にあたる」「党内に派閥・分派はつくらない」という民主集中制を組織原則として明記（第3条）しており、「党首公選制」という主張は、規約のこの原則と相いれないものです。

そして党規約には、次のように明記しています。

「党の諸決定を自覚的に実行する。決定に同意できない場合は、自分の意見を保留することができる。その場合も、その決定を実行する。党の決定に反する意見を、勝手に発表することはしない」（第5条第5項）

松竹氏の行動は、党の決定のなかでも綱領とならんで最も重い決定である党規約に反する意見を、党内で主張することもせず、勝手に発表したものであって、松竹氏自身も同意したはずの党規約に違反する行為です。

松竹氏は「党規約に反することのないよう、慎重にやっています」などと言っていますが、それは党規約をまったく理解していないものと言わなければなりません。

「安保条約堅持」と自衛隊合憲を党の「基本政策」にせよと迫る

それでは松竹氏は、何のために「党首公選制」なる主張をとなえているのか。

松竹氏は、19日の記者会見で、2021年の総選挙で日本共産党が「安全保障問題、とりわけ自衛隊問題での野党間の違いを克服できなかった」などとして、それが野党共闘の失敗の原因であるかのようにいいます。そして、「『政権共闘の議論の対象になる』というぐらいのもの（政策）は提示する必要がある」として、安保・自衛隊政策を転換するよう主張しています。

それでは提示すべき政策とはなにか。松竹氏は新たに出版した本のなかで、次のようにのべています。

「共産党が現段階で基本政策として採用すべきだと私が考えるのは、結論から言えば、『核抑止抜きの専守防衛』である。日本は専守防衛に徹するべきだし、日米安保条約を堅持するけれども、アメリカの核抑止には頼らず、通常兵器による抑止に留める政策である」

これは、日本共産党の綱領の根幹をなす、国民多数の合意で日米安保条約を廃棄するという立場を根本から投げ捨て、「日米安保条約の堅持」を党の「基本政策」に位置づけよという要求にほかなりません。

松竹氏は、「専守防衛」を党の「基本政策」に位置づけることも主張しています。いま私たちは、「専守防衛」さえ覆す岸田内閣の大軍拡に反対する国民的多数派をつくるために奮闘しており、「自衛隊は合憲」と考えている多くの人々とも、「岸田内閣の大軍拡を許すな」という一点で広く協力していくことを願っています。しかし、そのことと、「専守防衛」を党の「基本政策」に位置づけることとは全く性格を異にした問題です。「専守防衛」とは、自衛隊合憲論を前提とした議論だからです。結局、松竹氏の主張は、自衛隊は違憲という党の綱領の立場を根本から投げ捨て、自衛隊合憲論を党の「基本政策」に位置づけよという要求にほかなりません。

「綱領の枠内」という言い訳は通用しない

松竹氏は、自身のこうした主張を、「綱領の枠内」のものと言い訳をしていますが、驚くべき主張というほかありません。

党綱領では、日米安保条約について、「日本を守る抑止力」どころか「日本をアメリカの戦争にまきこむ対米従属的な軍事同盟条約」（第4項）と規定し、「日米安保条約を、条約第十条の手続き（アメリカ政府への通告）によって廃棄し、アメリカ軍とその軍事基地を撤退させる。対等平等の立場にもとづく日米友好条約を結ぶ」（第13項）と、日米安保条約廃棄の旗を高々と掲げています。

自衛隊については、「国民の合意での憲法第九条の完全実施（自衛隊の解消）に向かっての前進をはかる」（第13項）と明記していますが、ここには自衛隊が憲法違反であるという認識と、自衛隊解消によって憲法9条の完全実施に進むという目標がはっきりのべられています。

党綱領のこれらの根本的命題を投げ捨て、「日米安保条約の堅持」と自衛隊合憲論を党の「基本政策」に位置づけよと主張しながら、自分の主張を「綱領の枠内のもの」と強弁する。いったい松竹氏は、長い間党に在籍しながら、綱領を真剣に学んだことがあるのでしょうか。

日本共産党に対して、日米安保容認、自衛隊合憲の党への変質を迫る議論は、総選挙以来、自民党や一部メディアによって、執拗《しつよう》に繰り返されてきた攻撃です。松竹氏の行動は、〝日本共産党という党の存在に期待している〟といった装いをこらしながら、こうした攻撃に押し流され、迎合したものと言わざるをえません。

（「しんぶん赤旗」2023年1月21日付）

松竹伸幸氏の除名処分について

２月６日　日本共産党京都南地区委員会常任委員会
京都府委員会常任委員会

日本共産党京都南地区委員会常任委員会は、２０２３年２月５日、松竹伸幸氏の除名処分を決定し、京都府委員会常任委員会が２月６日に承認し、除名処分が確定しました。

なお、松竹伸幸氏の所属党組織は南地区委員会の職場支部ですが、松竹伸幸氏がすでに全国メディアや記者会見などで公然と党攻撃をおこなっているという「特別な事情」にかんがみ、当該職場支部委員会の同意のもと、党規約第50条にもとづき、南地区委員会常任委員会として決定したものです。除名処分の理由は以下のとおりです。

（1）松竹伸幸氏は、１月に出版した本のなかなどで、「党首公選制」を実施すべきと主張するとともに、党規約にもとづく党首選出方法や党運営について、「党内に存在する異論を可視化するようになっていない」、「国民の目から見ると、共産党は異論のない（あるいはそれを許さない）政党だとみなされる」などとのべています。「党首公選制」という主張は、「党内に派閥・分派はつくらない」という民主集中制の組織原則と相いれないものですが、松竹伸幸氏が、この主張と一体に、わが党規約が「異論を許さない」ものであるかのように、事実をゆがめて攻撃していることは重大です。

（2）松竹伸幸氏は、1月に出版した本のなかなどで、「核抑止抜きの専守防衛」なるものを唱え、「安保条約堅持」と自衛隊合憲を党の「基本政策」にせよと迫るとともに、日米安保条約の廃棄、自衛隊の段階的解消の方針など、党綱領と、綱領にもとづく党の安保・自衛隊政策に対して「野党共闘の障害になっている」「あまりにご都合主義」などと攻撃をおこなっています。

（3）松竹伸幸氏は、『週刊文春』1月26日号において、わが党に対して「およそ近代政党とは言い難い『個人独裁』的党運営」などとする攻撃を書き連ねた鈴木元氏の本（1月発行）を、「『同じ時期に出た方が話題になりますよ』と言って、鈴木氏には無理をして早めに書き上げていただいた」と出版を急ぐことを働きかけたことを認めています。松竹伸幸氏はわが党のききとりに対して、この本の「中身は知っていた」と認めました。この行為は、党攻撃のための分派活動といわなければなりません。

（4）わが党のききとりのなかで、松竹伸幸氏は、自身の主張を、党内で、中央委員会などに対して一度として主張したことはないことを指摘されて、「それは事実です」と認めました。わが党規約は、中央委員会にいたるどの機関に対しても、自由に意見をのべる権利を保障しています。異論があればそれを保留する権利も保障しています。しかし、松竹伸幸氏は、そうした規約に保障された権利を行使することなく、突然の党規約および党綱領に対する攻撃を開始したのです。

松竹氏の一連の発言および行動は、党規約の「党内に派閥・分派はつくらない」（第3条4項）、「党の統一と団結に努力し、党に敵対する行為はおこなわない」（第5条2項）、「党の決定に反する意見を、勝手に発表することはしない」（第5条5項）という規定を踏みにじる重大な規律違反です。

以上の理由から、松竹伸幸氏を除名処分とするものです。

（「しんぶん赤旗」2023年2月7日付）

党攻撃とかく乱の宣言
――松竹伸幸氏の言動について

書記局次長　土井洋彦

京都南地区常任委員会から除名処分を受けた松竹伸幸氏が6日、日本記者クラブで「会見」しました。その内容は、日本共産党に対する攻撃・かく乱者としての姿をあらわにするものとなっています。

問題は規約と綱領への攻撃を開始したことにある

まず明確にしておきたいことは、メディア各社は、「会見」での松竹氏の発言をひいて、「『党首公選』提唱党員を除名」（「読売」7日付）などと報じていますが、松竹氏の除名処分は、「党首公選制」という意見を持ったことによるものではないということです。党京都南地区委員会常任委員会と京都府委員会常任委員会の発表文「松竹伸幸氏の除名処分について」（「しんぶん赤旗」7日付）がくわしくのべているように、自らの意見を、党規約が定めたルールに基づいて表明するということを一度もしないまま、突然、党規約と党綱領に対する攻撃を開始したことを、問題にしているのです。

——「党首公選制」なる党規約と相いれない主張を公然と行うとともに、それと一体に、党規約にもとづく党首選出方法や党運営について、「党内に存在する異論を可視化するようになっていない」、「国民の目から見ると、共産党は異論のない（あるいはそれを許さない）政党だとみなされる」などと攻撃したこと。

——日米安保条約廃棄、自衛隊の段階的解消の方針など、党綱領と、綱領にもとづく党の安保・自衛隊政策に対して「野党共闘の障害になっている」「あまりにご都合主義」などと攻撃したこと。

こうしたわが党にたいする不当な攻撃を公然と行うことは、「党の統一と団結に努力し、党に敵対する行為はおこなわない」（規約第5条2項）などに反する重大な規律違反であることは、あまりにも明らかです。

分派活動について一切の弁明ができず

さらに重大なことは、松竹氏が、党攻撃のための分派活動を行ったことです。松竹氏は、「分派活動の実質がない」と弁明していますが、事実は明瞭です。

松竹氏自身が『週刊文春』1月26日号で、日本共産党に対して「およそ近代政党とは言い難い『個人独裁』的党運営」などと攻撃を書き連ねた鈴木元氏の本（1月発行）について、「本当は春ごろに出すつもりだったのですが、『同じ時期に出た方が話題になりますよ』と言って、鈴木氏には無理をして早めに書き上げていただいた」とのべています。党の聞き取りに対して、この本の「中身は知っていた」と認めています。これらは、鈴木元氏の本の内容が党攻撃であることを知りながら、その発刊を督促したことを自ら明らかにしたものです。この行為が、党攻撃のための分派活動にあたることは当然です。

松竹氏の「会見」では、肝心の鈴木氏との関係についてはまったく触れないまま、出版それ自体が除名処分の対象になったかのようにのべています。しかし、「発表文」をみればわかるように、分派活動と批判しているのは、出版それ自体ではなく、鈴木氏との関係です。この問題については、松竹氏は一切の弁明ができないでいます。

党内に分派をつくって党を攻撃することは、「党内に派閥・分派はつくらない」（規約第3条4項）に反する重大な規律違反です。

このように松竹氏に対する除名処分は、彼があれこれの主張を持っているからではなく、党規約を踏みにじって党を攻撃したことによるものです。わが党が、党規約にもとづき、こうした攻撃から党を守ることは、憲法21条に保障された「結社の自由」――「政党に対しては、高度の自主性と自律性を与えて自主的に組織運営をなしうる自由」（1988年12月20日、最高裁判決）にもとづく当然の権利です。

党内に自らの同調者をつのると言い放つ

松竹氏の「会見」できわめて重大なことは、彼が、自らの除名処分を「不服」として党大会に「再審査」を求めるとし、それを実行するために、党内に自らの同調者をつのることを宣言していることです。松竹氏は、「まわりの共産党員」から「いろんなメッセージがきている」とのべ、次のように言い放っています。

「私がいいたいのは、（離党について）いや早まるなと、ぜひ党にとどまって来年1月の党大会に代議員として出て、そのとき除名には反対だという意思を表示してほしい。同時にそこで党首公選も一緒に議決したらいい。私としてはこれから1年近くあるわけですから、全国の党員に呼びかけていきたい。そのためにこの1年を全力でたたかいぬきたい」

これは、まさに党内に松竹氏に同調する分派をつくるという攻撃とかく乱の宣言にほかなりません。松竹氏は、日本共産党に対する「善意の改革者」を装っていますが、その正体が何であるかを自ら告白したものといえましょう。

日本共産党は、こうした攻撃を断固としてはねのけ、前進するものです。

（「しんぶん赤旗」２０２３年2月8日付）

「結社の自由」に対する乱暴な攻撃
――「朝日」社説に答える

政治部長　中祖寅一

「朝日」8日付社説は、日本共産党が、党規約に違反して党攻撃と分派活動を行った松竹伸幸氏を除名したことについて、「国民遠ざける異論封じ」などと攻撃しています。そして、日本共産党が党員の直接選挙による党首選を行っていないことに対して、「党の特異性を示す」などと非難しています。これらは、日本共産党に対する攻撃にとどまらず、日本国憲法第21条が保障した「結社の自由」に対する乱暴な攻撃として、絶対に見過ごすことはできません。

事実にもとづく公正な報道姿勢を自ら投げ捨てるもの

「朝日」社説は、「党のあり方を真剣に考えての問題提起を、一方的に断罪するようなやり方は、異論を許さぬ強権体質としか映るまい」と断じています。

しかし、「赤旗」8日付の土井洋彦党書記局次長の論文が具体的事実を示して明らかにしている通り、今回の除名処分は、松竹氏が、あれこれの異論を持ったことに対してではなく、それを党規約がさだめたルールに基づいて表明することを一度もしないまま、突然、規約と綱領に対する攻撃を公然と開始したことが、党員の資格と両立しないものとして行われたものです。

こうした党の表明に対して、「納得する人がどれほどいよう」と決めつけ、「異論を許さぬ強権体質」と断じるのは、メディアに強くもとめられる事実に基づく公正な報道姿勢を、自ら投げ捨てたものといわなければなりません。

「朝日」社説は、松竹氏の言動を、「党のあり方を真剣に考えての」――善意からの「問題提起」だと持ち上げています。

しかし、松竹氏が、善意から行動しているならば、なぜ規約をふまえルールに基づいて行動することをせずに、外から突然、攻撃を開始するという態度をとったのか。説明がつかないではありませんか。

安保条約堅持・自衛隊合憲論を党の「基本政策にせよ」と主張するなど、綱領と規約の根本を否定する重大な内容を主張しながら、「規約と綱領の枠内」（会見）という偽りを振りまくことが、善意に党を考える姿勢といえるでしょうか。

「朝日」社説は触れていませんが、松竹氏は、乱暴な党攻撃を書き連ねた本を1月に出版した鈴木元氏に対し、その内容を知りながら、出版を「督促」するなど、党攻撃のための分派活動を行っていました。これが善意の行動と言えるでしょうか。

党として公にしている事実を無視し、松竹氏を〝善意の改革者〟と持ち上げ、日本共産党に対し「異論を許さぬ強権体質」などという悪罵を投げつけることは、道理のかけらもないものです。

日本国憲法と民主主義に対する乱暴な攻撃

強い憂慮とともに指摘しなければならないのは、「大手新聞」をなのる全国紙が、その社説で、公党に対してこのような攻撃を行うということは、日本国憲法第21条が保障した「結社の自由」に対する乱暴な侵害であり、攻撃であるということです。

1988年12月20日の最高裁判決は、「結社の自由」について次のように判示しています。「(結社の自由とは) 各人に対して、政党を結成し、又は政党に加入し、若しくはそれから脱退する自由を保障するとともに、政党に対しては、高度の自主性と自律性を与えて自主的に組織運営をなしうる自由を保障しなければならない。他方、右のような政党の性質、目的からすると、自由な意思によつて政党を結成し、あるいはそれに加入した以上、党員が政党の存立及び組織の秩序維持のために、自己の権利や自由に一定の制約を受けることがあることもまた当然である」

松竹氏は、「言論・出版の自由」を盾に、自らの党攻撃を正当化しようとしています。しかし、松竹氏は、自由な意思で、綱領と規約を認めて入党したのです。そうである以上、「自己の権利や自由に一定の制約を受けることがあることもまた当然」であり、「言論・出版の自由」を盾に、党攻撃を合理化することはできません。

また、日本共産党が、「政党の存立及び組織の秩序維持」のために、松竹氏の党攻撃に対して除名処分を行ったことをもって、「異論を許さぬ強権体質」と攻撃することは、政党の自主性・自律性に対する重大な侵害と言わねばなりません。

日本共産党は、党員の直接選挙で党首を選ぶことは、党規約の立場と相いれないと考えており、また、現行の選出方式が民主的で合理的であると考えています。しかし、そもそも、ある政党が、どのような方法で党首を選ぶかは、その党の「高度の自主性と自律性」に委ねられるべきであって、外部からの介入・干渉は許されるものではありません。「朝日」に指図されるようないわれはありません。

「党首公選制」が唯一の民主的制度であるとして、日本共産党の指導部の選出方法を「閉鎖的」「党の特異性を示す」などと攻撃することは、「結社の自由」を保障した日本国憲法と民主主義に対する乱暴な攻撃です。「結社の自由」を守れという声を、多くの方々があげていただくことを、心から呼びかけるものです。

（「しんぶん赤旗」２０２３年2月9日付）

日本共産党の指導部の選出方法について——一部の攻撃にこたえて

副委員長・党建設委員会責任者　山下芳生

日本共産党は、国民に対して責任を負える、安定的で民主的な党の指導部体制をどうつくるか、100年を超える歴史と教訓をふまえて、もっとも民主的で合理的な制度をつくってきました。それが、いまの集団的な指導部体制であり、その選出方法です。

一方、わが党が、党員の直接選挙で党首を選んでいないことをもって、「閉鎖的」などと攻撃する主張があります（「朝日」8日付社説など）。

そこで、この機会に、日本共産党の指導部の選出方法について、基本的な考えを明らかにしておきたいと思います。

党規約にもとづき、集団的な指導部体制を選出

わが党の指導部の選出は、党規約にもとづいて自主的・自律的に、かつ厳格に行われていま

す。具体的には、2年または3年の間に1回開かれる党大会で、全国から選出された代議員による民主的選挙によって中央委員会を選出します。そのうえで中央委員会は、幹部会委員、幹部会委員長、幹部会副委員長、書記局長を、民主的選挙によって選出します。

このように、党首――幹部会委員長だけでなく、集団的な指導部の体制を選出するところに最大の特徴があります。わが党にとって、この選出方法がもっとも民主的で合理的だと考えます。

個人の専断を排し、集団指導によって民主的に党を運営するうえで、一番合理的

それは第一に、個人の専断を排し、集団指導によって民主的に党を運営するうえで、いちばん合理的な選出方法となっています。

集団指導による民主的な党運営でこそ、全党の英知を結集し、党の方針と活動を発展させ、社会進歩に貢献することができます。

たとえば、いまの党規約では、党首である幹部会委員長も、当然、党大会決定、中央委員会決定、幹部会決定、常任幹部会決定に拘束されます。党の決定から離れて、勝手な言動を行うことは許されません。

実際に、志位和夫委員長が、重要な方針の発表や新しい見解の表明をするときは、必ず中央

委員会や幹部会、常任幹部会の決定あるいは了解をふまえて行っています。２０１５年9月、当時の安倍政権によって安保法制＝戦争法が強行されたその日のうちに、志位委員長が、「戦争法廃止の国民連合政府」をつくることを提唱したときも、直前に中央委員会総会を開き、この方針を全員一致で決定したことを踏まえてのものでした。だからこそ、その後、市民と野党の共闘の発展のために、全国の党組織が真剣かつ誠実に力を発揮することができたのです。

かりに、党首を直接選挙で選出した場合どうなるでしょう。「党員に直接選ばれた党首」ということで、その権限はたいへんに強大なものになるでしょう。中央委員会を現行とおなじ党大会で選出した場合、中央委員会との関係でも、党員の直接選挙で選ばれた党首の権限が大きくなってしまうことも起こりえます。それが果たして民主的な党運営といえるでしょうか。私たちはそうは考えません。

さらに、いまの党規約では、書記局長や副委員長、常任幹部会委員、幹部会委員などの党指導部の他のメンバーを、委員長が勝手に解任することはできません。それができるのは中央委員会総会以外にありません。党首を党員の直接選挙で選んだ場合には、党首と党指導部の他のメンバーとの権限にも、大きな差が生まれるでしょう。実際、党員の直接選挙で党首を選んでいる多くの党では、党役員の人事が党首の一存で決められています。

わが党の指導部の選出方法は、集団指導による党の民主的な運営で、全党の英知を集め、党の方針と活動を豊かに発展させるうえで、もっとも合理的なものになっている、と考えるものです。

派閥・分派をつくらず、国民に対して統一的に責任をはたすうえで、一番合理的

第二に、党のなかに派閥や分派をつくらず、国民に対して公党として統一的に責任をはたしていくうえで、いちばん合理的な選出方法となっています。

わが党は、「党の意思決定は、民主的な議論をつくし、最終的には多数決で決める。決定されたことは、みんなでその実行にあたる。行動の統一は、国民にたいする公党としての責任である」（党規約第3条）という「民主集中制」を組織の原則としています。

党のなかに、さまざまな派閥やグループがつくられ、派閥やグループごとに、主張や行動がバラバラでは、国民に対して公党としての責任をはたせません。主張や行動の統一は、どの党であれ、公党としてのあるべき姿だと、私たちは考えています。

そのためには、現在の指導部の選出方法が、もっともふさわしいあり方です。党首を党員の直接投票で選ぶということになれば、必然的に、党首のポスト争いのための派閥・分派がつくられていくことになります。それは、そうした党首の選出方法をとっている他党の現実が証明しています。

もちろん、民主集中制という組織原則は、自発的な意思によって結ばれた自由な結社である党の内部的なルールであって、このルールを社会に押しつけることは決してありません。私た

ちは、憲法21条が保障している「言論の自由」「出版の自由」「表現の自由」などを全面的に擁護し、発展させていく立場です。

日本の社会変革をめざして「不屈の先進的な役割をはたす」（党規約第2条）ことを、自らの責務として自覚している政党である日本共産党が、党内民主主義を大切にし、統一した力を発揮するためのルールが、民主集中制です。私たちの党が、統一した力を発揮することができなければ、社会を変えることはできません。

日本共産党は、派閥や分派がいかに有害なものであるかを、身をもって体験しています。旧ソ連・中国などからの干渉によって党が分裂した「50年問題」は、党と社会進歩の事業にとって計り知れない打撃となりました。その総括にたって、いかなる事態のもとでも党の統一と団結――とりわけ中央委員会の統一と団結を守ること、規律をやぶる分派主義は絶対に許さないこと、などの教訓を引き出しました。現在の指導部の選出方法は、こうした教訓を踏まえたものでもあります。個人中心主義のやり方を排して、集団的な指導を重視すること、党内の民主主義的な気風を大切にすることも、「50年問題」からの重要な教訓です。

「朝日」社説は、「激しい路線論争が繰り広げられていた時代ならともかく」と、これらの教訓を〝時代遅れ〟と揶揄《やゆ》しています。しかし、それは政治の生きた動きを見ないものといわなければなりません。

日本共産党が現在の綱領路線を確定した1961年以降も、わが党の活動は、「政治対決の弁証法」ともいうべき支配勢力との激しいたたかいの連続でした。この間の2回の国政選挙をみても、2021年の総選挙で「野党共闘で政権交代を」と攻め込んだことに対し、激しい共闘攻撃、日本共産党攻撃が行われました。22年の参議院選挙では、そのうえに、ロシアのウクライナ侵略を契機とした共産党攻撃、憲法9条攻撃が吹き荒れました。日本共産党は、これらの「大逆流」に正面から立ち向かい、全国の地域・職場・学園で、支部と党員が、党綱領と中央の方針、政策にもとづき、必死にたたかいぬきました。

いまの私たちのたたかいも、たんたんとしたものではありません。たえず行われる日本共産党への攻撃とたたかい、それを克服しながら前途を開くことが求められます。私たちが、こうしたたたかいに正面からのぞみ、国民への責任をはたすためには、派閥や分派を排して、行動の統一をはかることが、不可欠なのです。

もともと日本共産党は、「ポスト争い」とは無縁な党

第三に、もともと日本共産党は、ポスト争いとは無縁な党だということを、知っていただきたいと思います。

日本共産党は、地域や職場、学園で活動する党員によってつくられています。一人ひとりが、平和と民主主義の危機、「自己責任」の押しつけ、ジェンダー不平等社会、進まない気候危機対策など、理不尽な現実を前にして、「社会を変える力になりたい」と自らの自由意思で綱領と規約を認めて党の一員となっています。「立身出世」——個人的栄達や私利私欲のため

に党員になる人はいません。それが、「国民の苦難の軽減」を立党の原点とする、わが党の党員の特質であり誇りでもあります。

こうした人間集団において、〝自分が、自分が〟といって党指導部のポストを求める人は一人もいません。それは、党の基礎組織である支部においても、地区委員会や都道府県委員会、中央委員会などの党機関においても同じです。

わが党は、その時々に党が必要としている任務に照らしてベストと考えられる人事を、集団的に検討、吟味して行い、それを支部総会や党機関の総会、党大会などに提案し、民主的選挙を経て体制を決めています。決してポスト争いはしないというのが、日本共産党のあり方なのです。「党首公選制」というポスト争いにつながる方式をとらないのは、こうした日本共産党のそもそもの党のあり方と結びついたものなのです。

わが党の活力は、ポスト争いからうまれるものではありません。国民多数の幸福と矛盾する対米従属、財界中心の政治のゆがみをおおもとからただし、「国民が主人公」の新しい政治をつくるという党綱領実現への自覚を基礎に、一人ひとりの党員が、地域、職場、学園で、それぞれの条件に応じて個性を輝かせながら力を発揮することが、わが党の活力の源泉となります。そうした同志たちの努力に学び、苦労に心を寄せて、たえず自己改革をはかり、党の方針を発展させるのが、指導部――とりわけ党中央の指導部の役割であり責任だと考えています。

私たちは、わが党がとっているこうした指導部の選出方法を、他の政党に押し付けるつもりはありません。どの党であれ、「結社の自由」にもとづき、どういう方法で党首や指導部を選出するのかは、その党の自由に委ねられるべきものです。同じ立場から、「党首公選制」こそが唯一の民主的方法であって、それ以外は非民主的だとする独断を、わが党に押し付けてくる議論は、きっぱりと拒否するものです。

党の民主的運営の実態を見ず、「閉鎖的」「異論排除」というのは不当な独断

最後に、市民と野党の共闘をつうじて新たに友人となったある知識人の方に、党綱領を一部改定した第28回党大会（2020年1月）の決議案を、事前にお届けし説明したことがあります。その方は、綱領改定案の内容に共感を寄せてくださるとともに、改定案を含む党大会決議案を、2カ月半前に発表し、2カ月半にわたって全党討論にかけていることに驚嘆されていました。

わが党の民主的運営は、他にはない徹底したものなのです。前大会に向けた全党討論では、すべての支部、地区委員会、都道府県委員会が、会議を開いて議論をつくし、全体で1800件の意見・提案等が寄せられました。党の会議では多数にならず、大きな流れのなかでは現れてこない少数意見も含めて、214通の個人意見が寄せられ、「しんぶん赤旗」の臨時号に掲載されました。それらの意見は一つひとつ吟味され、大会議案に修正・補強が加えられ、採択されました。

わが党に対する「閉鎖的」「異論排除」などの攻撃は、こうした民主的運営の実態を見ようとしない不当な独断に満ちたものといわなければなりません。

戦争か平和か――日本の命運がかかった歴史的情勢のもとで、わが党は、不当な攻撃をはねかえし、強く大きな党へと前進することで、政治の反動を許さず、社会進歩に貢献する決意です。

（「しんぶん赤旗」２０２３年2月11日付）

おはようニュース問答　ワイド版

大手メディアの共産党バッシングどうみる？

晴男　大手新聞の共産党バッシングがひどいな。「異論封じ」とか「強権体質」とか言いたい放題という感じだ。

陽子　松竹伸幸さんという党員の除名問題でしょう。彼が処分されたのは異論を持ったからではないよ。異論を党内のルールに従ってのべることを一度もしないまま、いきなり本や記者会見で攻撃を始めた。これがルール違反だからでしょう。

なぜ「攻撃」という言葉を使うの？

晴男　除名は他の党でもあることだね。ただ、なんで「攻撃」という言葉を使うんだろう？

陽子　松竹さんは、党の規約に対して「異論を許さない政党」であるかのように批判し、綱領に対しても「野党共闘の障害になっている」と批判したんでしょう。どちらも事実に反すること。事実に反する批判を「攻撃」というのは、当然じゃないかな。

晴男　新聞では「善意」で改革提案をしているみたいに書かれているよ。

陽子　本人も盛んに「共産党愛」を強調している。でも、「善意」ならなんで党内のルールに従って意見を表明しなかったのかな。共産党はどの機関にも質問したり、回答を求める権利を保障しているのに。

晴男　そうだね。マスコミをバックにつけている感じも嫌だね。日本記者クラブでの会見とかネット番組への出演とか、有名人扱いもおかしい。ただ、「いきなり除名はどうか」という人もいるらしいよ。

陽子　彼の本が出版されたときに、「赤旗」に綱領や規約から逸脱しているよという警告の論文が出ているし、本人への聞き取りでも問題を指摘したというし……。それでも全く反省しなかったらしいよ。

晴男　それだったら仕方ないな。

安保堅持なら共産党でなくなるね

陽子　彼の主張をみているととても共産党とは思えないことをいっているよね。

晴男　たとえば？

陽子　日米安保条約を堅持せよとか、自衛隊は合憲だとかいう主張よ。「核抑止抜き専守防衛」というややこしい提案もしているけど、要するに米軍の通常兵力は日本を守る「抑止力」として認めよということでしょう。

晴男　えーっ。それじゃあ、沖縄の辺野古新基地をおしつける政府の理屈と同じじゃないか。政府も「抑止力」のために新基地が必要といっていた。

陽子　その通り。新基地だけじゃなく、オスプレイの傍若無人な飛行も認めよとなるし、全国で問題になっている米軍機の低空飛行も「抑止力」のために必要となるじゃない。

晴男　それじゃあ、共産党が共産党でなくなるね。

陽子　ほんとうにそう。アメリカいいなり政治のおおもとにある日米安保条約を国民多数の合意で廃棄して、対等・平等の日米関係をつくるのが綱領の一番のかなめでしょう。松竹さんが今回のような行動をとった根っこには日米安保条約堅持への政治的な変節がある。彼が主張する「党首公選」はマスコミが一昨年の総選挙以来いいだしていたから、それにのって安保についての自分の主張を宣伝したかったんでしょうね。

共産党の党首の選び方は？

晴男　共産党は「結社の自由」があるから、どういうやり方で党首を選ぼうが自由だと思うけど、どうして直接投票をやらないんだ？

陽子　共産党は党首一人を選ぶのではなく、指導部集団を選出するやり方をとっているの。党大会の代議員が選挙した中央委員会が、委員長、副委員長、書記局長などを選出するやり方だよ。

晴男　そういえばそうだね。

陽子　そのやり方が、個人の専断を排してみんなの知恵と力をあつめて党を民主的に運営するうえでも、党内に派閥をつくらず団結して前進をはかるうえでも、一番合理的なのよ。それに、共産党には立身出世や個人的栄達を求める人はいないから、ポスト争いはもともとないしね。

晴男 それはいえる。芸人のパックンが「共産党の健在さのもとはいまのやり方ではないか」「他党のまねをする必要はない」といったらしいよ。

「結社の自由」どう考える?

晴男 ただ、「結社の自由」と「言論・出版の自由」の関係はどう考えたらいいんだろう?

陽子 「結社の自由」というのは、だれもが自分の意思で政党に加入したり、脱退する自由があるし、政党には高度な自主性・自律性が認められるべきだというものでしょう。「言論・出版の自由」も「結社の自由」も同じ憲法21条で保障された重要な基本的人権だし、どちらが上ということはない。ただ、自分の意思で政党に加入した以上、その党のルールに従うのは当然ということになるでしょう。

晴男 「赤旗」で憲法学者の小林節さんが「岸田大軍拡の道を止めようと野党の中核でがんばっている日本共産党へのバッシング」だと批判していたね。

陽子 「朝日」は人権擁護を標榜《ひょうぼう》しているのに、共産党の「結社の自由」を侵害していると批判している。その通りだと思う。だいたい、大新聞は、敵基地攻撃能力保有でも大軍拡でも問題点をほとんど報道しない。共産党を攻撃する前にやることがあるでしょうといいたい。

(「しんぶん赤旗」2023年2月18日付)

政党のあり方と社会のあり方の関係を考える

――一部の疑問に答えて

書記局次長　土井洋彦

党の規約を無視した行動で除名された元党員の問題をめぐって、一部の識者から「共産党は自由な社会をめざしているのだから、党内のあり方も自由であるべきではないか」という疑問が寄せられています。日本共産党の発展を願って寄せていただいているものだと思います。そこで、日本共産党のあり方と、党がめざす社会との関係についてのべておきたいと思います。

「民主的な討論をつくす」は決して建前ではない

日本共産党は「民主的な討論をつくし、統一して行動」することを組織原則としています。それを「民主集中制」と呼んでいます。これは特別なものではなく、国民に責任を負う近代政党なら当たり前の原則だと考えていますが、強調したいのは次の点です。

一つは、私たちの党運営における民主的な実態を見ていただきたいということです。党の最高の意思決定機関である党大会では、2カ月以上前に決議案を発表し、県や地区、支部にいたるまで全党討論を重ねて大会方針を練り上げます。

2020年におこなわれた第28回党大会の場合、支部や地区、県を通じて約1800件の意見・提案が寄せられ、少数意見を含めて214通の個人意見を「赤旗」臨時号に掲載しました。それらの意見は一つひとつ吟味され、大会議案に修正・補強が加えられ、採択されました。

全党討論のなかで寄せられた意見のなかには、たとえば、綱領一部改定で明記したジェンダー平等をめぐって、1970年代に「赤旗」に掲載された論文などで、同性愛を性的退廃の一形態だと批判的にのべたことについて、きちんと間違いを認めてほしいというものがありました。この意見についても中央委員会として集団的に吟味し、党大会の志位委員長の結語で「間違いであったことを、この大会の意思として明確に表明しておきたい」と真剣な反省をのべました。全党が民主的な討論をつくしたことが、党の問題点の是正につながり、発展につながったのです。

このように「民主的な討論をつくす」ということは、決して建前ではありません。党運営のあらゆる面で実際に民主主義を貫いている姿を、ぜひ知っていただきたいと思います。

「行動の統一」――団結してこそ、政治を変えることができる

同時に、公党として国民に責任を負うには、民主的な討論とともに、「行動の統一」が必要

だということです。とくに日本共産党は、異常な対米従属と大企業・財界の横暴な支配というまの政治を根本から変革することを綱領に掲げています。その事業を前進させるためには、現在の体制にしがみつく勢力による攻撃や妨害、抵抗に立ち向かい、打ち破っていく必要があります。そのたたかいにおいては「行動の統一」、つまり団結が不可欠です。

社会の自由と民主主義を擁護し、発展させるためにも、日本共産党の行動がバラバラで責任が果たせるでしょうか。安倍内閣による秘密保護法、共謀罪、安保法制、そして岸田内閣の「安保3文書」――これらとのたたかいをみても、日本共産党が「行動を統一」してぶれずにたたかうことが重要なことは明らかではないでしょうか。

党規約に反する行動で党を除名された元党員は、まさに「行動の統一」という当たり前のルールに違反したことが問題とされたものにほかなりません。

社会のあり方――自由、民主主義、人権を断固として擁護・発展

そのうえで、あらためて明確にしておきたいのは、「行動の統一」は個々人が自由な意思で加入する政党として、自主的・自律的にとっているルールであって、それを社会に押し付けることは決してないということです。

自由な意思で加入する政党と、すべての構成員が生まれながらにして所属する社会とは、その点で、性格がまったく異なっています。社会のあり方としては、自由、民主主義、人権を断

固として擁護し、将来にわたって発展させ、開花させるというのが、日本共産党が綱領で固く約束していることです。

政党のあり方と社会のあり方の関連と区別

政党のあり方と、社会のあり方――とりわけその政党が政権党になった場合に、その社会がどのような社会になるのかとは、もちろん無関係ではありません。

党内に自由も民主主義もない全体主義政党が権力を得たことが、民主共和制を破壊して、全体主義国家を生み出すにいたったことは、ナチス・ドイツの例が示しています。旧ソ連の場合も、レーニンの死後に権力を握ったスターリンが党内の民主主義を根こそぎ圧殺したことが、大量弾圧、専制国家への転落につながっていきました。

民主的な社会をめざす政党ならば、その党内のルールにおいても民主的運営をつらぬくことが求められるのは当然であり、わが党はそのための努力を重ねています。同時に、社会を発展させるためには、政党としての団結したたたかいが必要であり、「行動の統一」が不可欠です。

これが政党のあり方と社会のあり方の関連と区別についての日本共産党の考えです。

（「しんぶん赤旗」２０２３年２月25日付）

「反共は戦争前夜の声」——日本共産党躍進で打ち破ろう

志位委員長の訴えから

日本共産党の志位和夫委員長が2023年2月23日に神戸で行った演説で、「反共は戦争前夜の声」と訴えた部分を紹介します。

岸田大軍拡と対決する日本共産党の活動は、戦前の不屈の活動に匹敵する歴史的意義

岸田政権が空前の大軍拡を強行しようといういま、戦前・戦後、101年にわたって反戦平和を貫いてきた日本共産党の果たすべき役割は本当に大きいものがあると思います。ある自民党の重鎮の方が、私たちの国会質疑を聞いて、こういうメッセージを送ってきてくださいました。

「本来なら、自民党の現職から、岸田さんへの批判が出ていいのに、誰も声を上げない。その代わりに国会で堂々と敵基地攻撃能力の保有は違憲だ、専守防衛を投げ捨てるものだときっぱり言ってくれているのは日本共産党だけだ。他の野党も正面から批判できないでいる。国会で正々堂々と批判できる政治家がいることは、日本の政治を救っている」

こういう評価であります。（**拍手**）

日本共産党の活動に対して、「立派な活動」だという評価をいただいているだけではなく、「日本の政治を救っている」――政治全体を救っているという評価をいただいたことは、たいへんにうれしい思いであります。

戦前、私たちの大先輩たちは、激しい弾圧、迫害のもとで、文字通り命がけで反戦平和を貫きました。さきおととい（2月20日）は『蟹工船』でも有名な作家・小林多喜二が亡くなって90周年の日となりましたが、彼も反戦平和を唱えたために特高警察の拷問で命を落としました。

私たちの大先輩の宮本顕治さんも、激しい拷問を受け、12年も獄中に閉じ込められました。その宮本さんが2007年に亡くなったさいに、評論家の故加藤周一さんはこういうメッセージを私たちに寄せてくださいました。

「宮本さんは反戦によって、日本人の名誉を救った」

宮本さんが亡くなった日は、選挙戦のさなかで、私はちょうどテレビ朝日の「報道ステーション」という番組でインタビューを受ける機会があったのですが、出演前に、宮本さんの訃報とともに、宮本さんが元気だったころの映像が流されまして、胸がいっぱいになり、目頭が熱くなったことを思い出すんですが、このときの加藤さんのメッセージも、本当にうれしいものでした。

私は、いま、日本の歴史の大きな岐路にあって、岸田政権の大軍拡に正面から対決している日本共産党の存在と活動は、戦前の不屈の活動に匹敵するような、歴史的意義を持つといっていいのではないかと考えるものであります。（拍手）

どうか101年の歴史で試された反戦平和の党＝日本共産党を、強く、大きくしていただきたい。今度の統一地方選挙で必ず勝たせていただいて、平和の審判を下そうではありませんか。（拍手）

平和と民主主義を守るためにも、事実をねじまげた反共キャンペーンを打ち破ろう

そして、みなさん。こういう大軍拡の逆流に正面から立ち向かう党であるがゆえに、相手からすれば怖いわけであります。それゆえの攻撃が激しいものがあります。

この間、日本共産党の規約を無視した行動で除名された元党員を利用して、一部大手メディアが「共産党は異論を許さない党だ」というキャンペーンをやっております。しかし、みなさん、この元党員は、異論を持ったから除名されたのではありません。一度も規約にもとづく正

規のルールにのっとってそれを述べることをせず、いきなり出版という形で党の綱領や規約に対する事実に反する批判——攻撃を行ったために、ああいう対処をいたしました。真面目にその組織を良くすることを願っているのだったら、どんな組織でも、まず組織の中でコミュニケーションする努力をするのは当たり前ではないですか（拍手）。それをしないで、外からいきなり攻撃するというのは、これは真面目な人のやることじゃない。悪意ある行動だと私たちは断ぜざるを得ないのであります。

そして、こういうことが起こったときに、一部の大手メディアが、「異論を許さない党だ」といって日本共産党をバッシングする。これは事実と違います。日本共産党員は、異論があった場合に、党内でルールにのっとって自由に述べる権利があります。誰に対しても質問し、回答を求める権利もあります。どうしても意見が合わなかった場合には、異論を保留する権利もあります。それでも自分の意見と党の立場が異なってそれがいやだというなら、党をやめる権利もあるんです。それも自由なんです。そして、党大会のときには、特別の冊子までつくって、少数の意見でも、全体にわかるように、民主的な討論を保障しているのが日本共産党なんです。

憲法学者で慶応大学名誉教授の小林節さんは、いまの状況について、「多くのメディアは岸田政権の敵基地攻撃能力の保有や大軍拡路線に対してまともな批判をしていない。日本共産党を攻撃する前に、もっとやることがあるんじゃないでしょうか」（拍手）と言っておられますが、私もその通りだと言いたいと思います。（拍手）

京都府で長いこと知事を務めて、全国の革新自治体の灯台と言われた大きな業績を残した蜷川虎三さんという素晴らしい先達がおられます。蜷川さんの残した言葉で、「反共は戦争前夜の声」という言葉があるんです。反共の次に戦争がやってきた。これは歴史の教訓じゃないですか。戦前、日本共産党への弾圧を激しくやった、その後に待っていたのが侵略戦争じゃないですか。これをふたたび繰り返すわけにいかない。日本をふたたび「戦争前夜」にしてはなりません。（**拍手**）

どうかみなさん、日本の平和と民主主義を守るためにも、こういう事実をねじまげた反共キャンペーンはみんなで力を合わせて打ち破ろうではありませんか。日本共産党躍進という回答を突きつけようではありませんか。（**大きな拍手**）

（「しんぶん赤旗」２０２３年2月26日付）

第二部

大軍拡批判せず共産党攻撃に走るメディア

憲法の「結社の自由」を侵害

慶応大学名誉教授　小林　節さん

日本を戦争への道に引き込む岸田文雄首相の敵基地攻撃能力の保有、大軍拡路線と、その中で起きている日本共産党への新たな反共キャンペーンについて、憲法学者で慶応大学名誉教授の小林節さんに聞きました。

田中倫夫記者

敵基地攻撃は日本滅ぼす

私は、日米安保体制と自衛隊を是とする立場です。一貫して「専守防衛」を唱えています。その私からみても、岸田内閣が閣議決定した「安保3文書」に書かれた、敵基地攻撃能力の保有に沿った大軍拡・大増税路線は、「国を滅ぼすものだ」、と厳しく批判しなければなりません。

ロシアのウクライナ侵略以降、国際的な緊張は激化しています。「専守防衛」の立場に立ち、本当に必要な防衛力の整備は進めなくてはいけないと考えています。しかし、いわゆる敵基地攻撃能力の保有や、防衛予算の2倍化などは、どう見ても「専守防衛」とはかけ離れています。

日本は第2次世界大戦で大きな失敗をし、日本国憲法という「宝」を得ました。「国の能力を奪われた屈辱」という人もいますが、私は国が成長できたのは憲法のおかげだと思います。その素晴らしいところは、「戦力不保持」「交戦権の否定」を定めた9条2項です。日本は外に出て戦争してはいけない。これはすごいことで、日本は世界でもユニークな国です。

戦争法を大本に「先制攻撃」も可能な大軍拡

安倍晋三元首相がつくった戦争法（安保法制）は、米軍にくっついて自衛隊がその「2軍」として世界に出ていけるようにしてしまった。この明確な憲法違反を前提に、敵基地攻撃能力の保有とか防衛費の倍増が進んでいることに、危機感をもたねばいけません。敵基地攻撃能力

こばやし・せつ＝1949年東京生まれ。77年慶応大学大学院法学研究科博士課程修了。ハーバード大ロースクール客員研究員等を経て、89年慶応大教授。2014年同名誉教授。21年全国革新懇代表世話人。『「人権」がわからない政治家たち』など著書多数。

の保有を言いだしたのは安倍元首相です。

「安保3文書」「大軍拡」の大本は、第2次安倍内閣が強行した戦争法です。それを岸田首相は重装備で海外派兵できる形にして突き進もうとしています。日本が攻撃されてないのに、米国が起こした戦争に自衛隊がいっしょに行動することになりかねません。自民党の国防族の人は「安全でないと思ったら最初から撃つ」とも言っています。これは国連憲章で否定されている「先制攻撃」です。日本は報復を受け、「新しい敗戦」をすることにもなりかねません。とんでもない話です。

野党結束が必要な時に非難

この事態にストップをかけるために、野党は結束しなければならない。ところが、いま、岸田大軍拡の道を止めようと野党の中核でがんばっている日本共産党に、メディアなどのバッシングが強まっています。

「朝日」の社説（8日付）には驚きました。規約に反して、外部から党を攻撃した党員を日本共産党が除名処分にしたことを、〝党勢は細るばかりだと思い知るべきだ〟と最大限の言葉で非難しています。

この問題を考えるには、憲法21条1項が保障する「結社の自由」の意味を深く理解する必要があります。21条には集会、結社、言論、出版の自由が列挙され、「表現の自由」としてくくられ、保障するとしています。

「結社」とは人の集団のことで、犯罪を目的としない限り、どんな結社を作ろうが自由です。その結社の入会資格や内部規律（規約）もそれが犯罪でない限り各結社の自由です。その目的や規律が嫌いな人はその結社に入らないか、いったん入っても後にそれがいやになったら出る自由もあります。

結社は内部規律に関する自治権もつ

すべての結社には内部規律に関する自治権があります。違反者には懲戒処分をすることができます。これは日本共産党に限ることではありません。日本共産党は戦前、人権が認められていなかった大日本帝国憲法のもとで人権と反戦を主張するとして弾圧され、非合法政党とされました。日本国憲法のもとで合法政党になってからも、他国の共産党からの干渉などで党が分裂したこともありました。そのような経験をしたため日本共産党の規律は厳格で、派閥は禁止されています。結社の自由です。

処分された党員が、「全党員による党首選」の意見を持つことは自由です。しかし、それを認めると必然的に派閥が生まれ、規約に反することは自明です。

処分された党員が〝日米安保条約の堅持〟〝自衛隊合憲〟という意見を持つことも自由です。しかし、日本共産党は綱領で、国民多数の合意での安保条約の廃棄をきめています。自衛隊についてもアジアが平和になるなど国際情勢が許し、主権者国民の多数が認めたら、解消するとしています。

それが正しくないと思うなら、まず規約通りに党内で意見を述べるべきです。それが通らなければ、自分の意見を「保留」することも、「結社の自由」を行使して離党することもできます。

日本共産党は規約で、党員がどの機関にも意見を出し、回答を求めることができると保障しています。にもかかわらず、除名となった党員は党内議論を行わずに、時間をかけて準備した出版という形で、いきなり党外から党への批判的な意見をぶつけてきた。これはルール違反です。他のどの組織であれ、除名を含む処分はありうると思います。

「第4の権力」がやるべきことか

「朝日」などメディアがこの件で日本共産党をバッシングしているのは、看過できません。新聞は「第4の権力」といわれるような社会的権力です。ある意味で人権を大切にしている「朝日」が、日本共産党の「結社の自由」を侵害する行為をしていると言わなければなりません。

多くのメディアは岸田政権の敵基地攻撃能力の保有や大軍拡路線にたいしてまともな批判をしていません。日本共産党を攻撃する前にもっとやることがあるのではないでしょうか。

（「しんぶん赤旗」日曜版　２０２３年２月19日号）

大軍拡に従順な大手メディア

権力との対峙恐れるな　それこそが記者の使命

ジャーナリスト、元朝日新聞政治部次長　脇　正太郎さん

岸田大軍拡や、それとたたかう日本共産党への大手メディアによるバッシングについて、元朝日新聞政治部次長でジャーナリストの脇正太郎さんに聞きました。

田中倫夫記者

岸田文雄首相はこれまでの歴代政権が掲げていた「専守防衛」さえ捨て去り、「安保3文書」に基づく5年間で43兆円という空前の大軍拡路線を進めようとしています。日本が直接攻撃を受けなくてもアメリカの戦争が安保法制で「存立危機事態」と位置づけられ、日本が参戦

わき・しょうたろう＝1954年神奈川県生まれ。時事通信社を経て89年朝日新聞社入社。社会部次長、政治部次長、電子電波メディア局次長などを歴任し、2014年退職。現在ネットメディア「メディアウオッチ100」に参画。

することになっています。危険が増大しました。

「対米従属」に疑問なく

アメリカの国家戦略に沿うものです。岸田首相は、日本がアメリカの意向に忠実に従う「対米従属」に疑問を持つマインド（意識）がなく、むしろ積極的に寄り添うのが政権維持に欠かせないと考えているのでしょう。

岸田氏が率いる「宏池会」は、吉田茂元首相の系譜です。保守本流を自負しますが、その核心は対米従属でした。吉田氏は首相として旧日米安保条約を締結したほか、自衛隊の前身である警察予備隊の創設に道を開きました。米国との交渉役は、宏池会をつくった池田勇人氏（のちに首相）でした。彼らの〝後継者〟である岸田首相がアメリカに忠実なのは、当たり前のことなのかもしれません。

記者の思考が制約されてないか

重大なのは、大手メディアも対米従属に異を唱えることなく、推進していることです。安保3文書改定にむけた政府の「有識者会議」には、元朝日新聞主筆、読売新聞グループ本社社長、日経新聞顧問がメンバーとなり、敵基地攻撃能力の保有を推奨しました。このことは、各社の現役記者の思考の枠組みを制約していないでしょうか。戦前、多くの新聞が侵略戦争を賛美し、国家を破滅させました。その大失敗を繰り返すことになりかねません。

私は、現役記者時代、小選挙区制の導入が「政治改革」として推進されたことに抵抗しきれなかったことを今でも悔いています。大手メディアの幹部らが首相の諮問機関の審議会メンバーとなり、疑問を口にしていた記者たちも沈黙していきました。大軍拡路線を批判しきれない今の状況と似ています。

安保3文書が「専守防衛は不変」とか「軍事大国にならない」とか繰り返している虚偽を告発し、ミサイルや戦闘機、戦車だけでは平和は実現しないと訴えるのが現在、記者の果たすべき役割です。これから外交をどう展開すべきかに厳しい目を向けるべきです。

「対米従属」に立ち向かわず、批判勢力をおとしめる

世の中が一つの方向に疾走しようとしているとき、あえて疑問を差しはさむのが記者の使命です。時勢に従順であってはならない。権力との対峙《たいじ》を恐れてはいけません。

しかし、権力者が信奉する対米従属に立ち向かわないどころか、対米従属を批判する勢力をおとしめようとする動きがあります。「朝日」（8日付）社説「共産党員の除名　国民遠ざける異論封じ」での日本共産党攻撃はその典型に見えます。

党員は、綱領と規約を認めて入党しています。約束ごとに反した行動をとれば、処分の対象

になるのは当然です。会社組織も同様ではないでしょうか。

問われる憲法観

「朝日」社説は、日本共産党から「憲法上の『結社の自由』を無視した乱暴な攻撃」だと反論されました。「朝日」からの再反論はありません。「朝日」の憲法観が問われます。

「結社の自由」の侵害との批判に正面から反論できないからか、「朝日」(16日付)には「『民主集中制』という呪縛」というコラムが載りました。日本共産党を中国共産党と同列視し、あたかも日本共産党が「民主集中制」を社会一般のルールとして押し付けるように描いています。

日本共産党は民主集中制とは党内の組織原則であり、それを社会に押し付けることはないと説明しています。そんなことは記者なら承知しているでしょう。それでも攻撃するのでは、手あかにまみれた反共攻撃と同じです。

私は自民党の党大会も日本共産党の党大会も取材しました。自民党の大会は討論もなく、しゃんしゃんで終わる。一方、日本共産党の大会では、参加者が一生懸命メモをとり、何日間も議論している。実にまじめです。党としてもっとアピールすべきです。

先の総選挙では日本共産党の安保・自衛隊政策が攻撃されました。野党共闘の分断をはかるのが狙いでした。自民党など権力の側は、対米従属に「右へならえ」をしない日本共産党が入る野党共闘が怖いのです。

（「しんぶん赤旗」日曜版２０２３年2月26日号）